Après la Douleur, vient la Douceur

Après la Douleur, vient la Douceur

Almas F.

Après la Douleur, vient la Douceur

*Chère Âme qui vagabonde dans cette Dunya,
Voici mon histoire, peut-être qu'elle t'apaisera.*

Avant que tu te lances dans cette lecture…

J'aimerais t'adresser quelques mots, oui, à toi ma douce âme.

Ces quelques lignes que j'ai écrites s'adressent à toi, ma sœur, qui vit des moments difficiles, à toi qui as du mal à surmonter les différentes épreuves qui se dressent sur ton chemin, à toi qui souffres en silence… Mais elles s'adressent également à moi.
Ce sont certes mes propres expériences, mes propres épreuves, mes propres conseils, mais j'ai besoin de les écrire afin de m'en souvenir et de les appliquer quotidiennement.

Je suis consciente que mon histoire va permettre à de nombreuses personnes de se reconnaître à travers elle et j'aimerais que tu en fasses partie. Je te remercie par avance de me lire.
Quand je lisais les histoires des autres sœurs, je me retrouvais dans leurs paroles. Alors, j'ai décidé d'écrire à mon tour. J'ai d'abord commencé à tenir un journal de bord en fin d'année 2023 dans lequel j'écrivais mes pensées, ce qui me tourmentait.
J'ai décidé de me lancer dans l'écriture de mon propre livre en avril 2024.

Puis, j'ai tellement vécu de choses et appris de mes épreuves que j'aimerais aider des personnes qui ont souffert comme moi. J'aimerais partager ma passion avec toi et j'espère que cette lecture t'apportera réconfort et apaisement.

Je tiens à exprimer ma profonde gratitude envers Notre Créateur, Allah, grâce à Qui j'ai pu concrétiser ce magnifique projet. Sans Lui, je ne serais pas la personne que je suis aujourd'hui, Al HamdûlilLah pour tout.

N'oublions pas de placer notre totale confiance en Allah, Il est Maître de tout. Ne compte que sur Lui et tu verras des merveilles arriver dans ta vie.

P.-S. : Munis-toi d'un petit stylo afin de pouvoir écrire quelques mots.

Après la Douleur, vient la Douceur

Après la Douleur, vient la Douceur

Qu'Allah nous fasse Miséricorde et nous guide sur le droit chemin.

Amîn

Bonne lecture à toutes !

Fraternellement

Almas F.

Après la Douleur, vient la Douceur

Après la Douleur, vient la Douceur

Ne laisse pas la Douleur s'emparer de ton cœur.

Chapitre 1 : *Quand la Douleur imprègne ton âme...*

La Douleur, un sentiment qui peut se manifester de plusieurs façons. Elle peut te faire du mal aussi bien physiquement que mentalement.
Ce ressenti, qui paraît parfois insurmontable, n'est que de passage, tout comme nous, dans cette Dunya. Nous sommes tous capables d'effacer la douleur en étant conscients qu'elle ne dure qu'un temps. Oui, elle est belle et bien éphémère, elle s'en ira doucement.

Quand tout s'effondre autour de toi, n'oublie pas de demander L'aide d'Allah, notamment pour t'effacer cette douleur qui persiste en toi et qui détruit petit à petit ton cœur. Il est Ash-Shâfi, Le Guérisseur, le Seul qui puisse te venir en aide et dissiper tes peurs.

En faisant cela, tu seras préparée pour toutes les autres fois où la douleur surgira. Car oui, elle reviendra... Elle fait partie de cette Dunya. Mais, ne t'attriste pas, elle s'en ira car Allah te sauvera.

« Chaque douleur est une mémoire. »
Eric Fottorino

Après la Douleur, vient la Douceur

La Douleur...

Parfois perçue comme insurmontable et destructrice, la douleur peut parfois se révéler comme étant bénéfique.
Comme je l'ai dit précédemment, et tu peux en témoigner grâce à ta propre expérience, la douleur ne dure qu'un certain temps, qu'il soit court ou bien long.

Notre âme peut parfois nous envoyer des signaux, il est donc important de comprendre ses sensations.
Elle repousse les âmes qui lui causent du tort, prends donc le temps d'écouter ton corps.

Les épreuves que tu rencontres au cours de ta vie ne dureront pas, tout finira par s'atténuer pour finir par disparaître. Après la douleur vient le bonheur.
Les larmes qui ont coulé, les mots qui t'ont blessée, les âmes qui t'ont persécutée, ne seront qu'un mauvais souvenir qui finira par s'effacer.

Relève-toi et ne baisse pas les bras. Allah est avec toi ! C'est par Son évocation que tu guériras.[1*]

[1*] Je t'invite à te munir de ton Coran.
Rends-toi à la Sourate 17 Al-Isra (Le Voyage Nocturne), lis et médite sur le verset 82.
Tu comprendras que c'est en te rapprochant du Coran que tes maux s'en iront.

Ma Douleur...

Je vais à présent te parler de ma propre Douleur, en espérant que cela puisse apaiser mon cœur.

J'ai longtemps souffert sans que personne ne le sache. Mon erreur a été de refouler pendant longtemps ce que je ressentais. Je me taisais, je ne disais rien et j'acceptais tout sans me soucier de ce qui se passait à l'intérieur de moi.

Tu as peut-être compris ce que j'essaye de te dire et tu t'es peut-être reconnue à travers moi... J'ai longtemps fait passer le bonheur d'autrui avant le mien, je me délaissais, je m'oubliais.
Mon bonheur résidait dans celui des autres, et cela a fini par causer bon nombre de douleurs. J'ai mis des années avant d'écouter mon âme et de comprendre les signaux qu'elle m'envoyait.

Écoute tes ressentis, c'est primordial pour t'en sortir.

Le conseil que je peux te donner est : pense à toi ! Ne laisse personne dicter ta vie. Fais tes propres choix quitte à perdre des amis ou des gens qui font partie de ta famille.
Ceux qui t'aiment réellement ne t'abandonneront jamais. Ils voudront te voir t'élever et ne seront pas là pour te juger ou te rabaisser.

Ma Belle Âme, prends du temps pour toi, car personne ne le fera aussi bien que Toi.

Ta Douleur...

Je vais à présent te laisser ouvrir ton cœur sur la douleur. Comment s'est-elle manifestée à l'intérieur de toi ? Pour quelles raisons ?

Réfléchis, écris et libère ton esprit. Tu verras, tu te sentiras mieux après cela.

C'est à Toi :

_____
_____
_____
_____
_____
_____
_____
_____
_____
_____
_____
_____
_____
_____
_____
_____

Après la Douleur, vient la Douceur

Après la Douleur, vient la Douceur

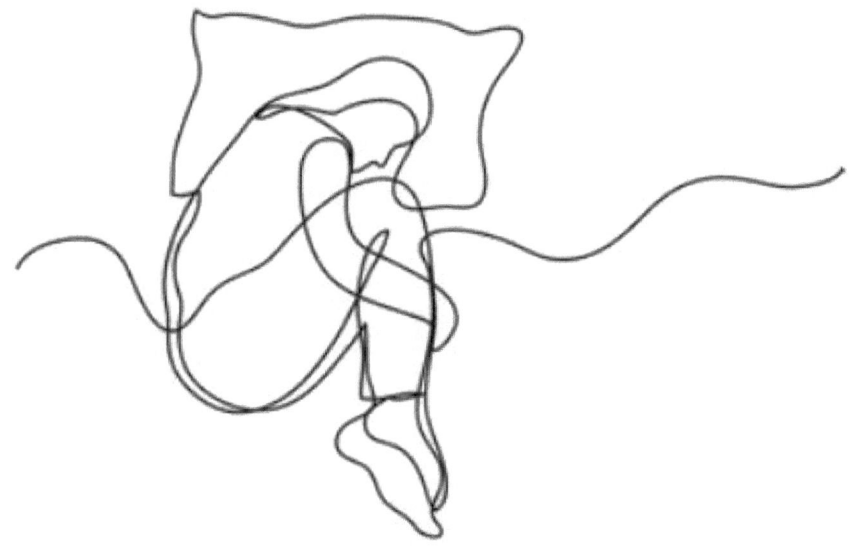

Après la Douleur, vient la Douceur

*Ma Belle Âme, ne laisse pas la douleur détruire ton cœur.
Place ta confiance en Allah, Lui Seul sera toujours là pour toi.*

L'Hypersensibilité...

Beaucoup de personnes pensent qu'être hypersensible est un défaut et ce, pour plusieurs raisons.

Lorsque l'on est hypersensible, on est tiraillé par toutes sortes d'émotions : la colère, la tristesse, la peur et la joie. Nous ressentons les choses de manière disproportionnée.
On s'efforce de supporter les humeurs des gens qui nous entourent, on prend sur nous et on accepte les critiques qui nous sont adressées, tandis qu'à l'intérieur, nous sommes brisées.

Lorsque l'on est hypersensible, on est doté d'une immense empathie. On veut aider son prochain, coûte que coûte, car on perçoit ce qu'il ressent. On essaye d'atténuer sa douleur en y mettant toute notre énergie, en oubliant que nous avons aussi nos propres soucis.

Mais l'hypersensibilité doit être prise du bon côté. Mes sœurs, nous sommes dotées d'un cœur pur et d'une gentillesse sans limite. Voici une grande qualité appréciée d'Allah. Il est Lui-même Celui qui étend sa Générosité.
Ne regrette pas d'avoir aidé ou bien écouté une personne qui t'a, par la suite, laissée tomber. Reste comme tu es et sois fière de ton hypersensibilité.[2*]

[2*] Je t'invite à te munir de ton Coran.
Rends-toi à la Sourate 28 Al-Qasas (Le Récit), lis et médite sur le verset 77.
Tu comprendras que le bien que tu as fait ici-bas te sera rendu par Allah.

Mon Hypersensibilité...

Je vais à présent te parler de mon Hypersensibilité, peut-être que tu te sentiras concernée.

J'ai compris que j'étais hypersensible lorsque je me suis rendu compte que j'absorbais les émotions des autres. Les émotions de ceux que j'aimais, ceux que je portais dans mon cœur en ne sachant pas qu'ils étaient responsables de ma propre douleur.

Quand ils étaient tristes, je l'étais aussi. Quand ils pleuraient, mes yeux débordaient de larmes. Toutes leurs émotions se bousculaient en moi, mais personne ne voyait cela.

J'étais toujours présente pour les autres malgré la méchanceté de certains à mon égard. Je voyais toujours le bien en eux. Je les aimais sincèrement et c'est pour cela que je leur accordais autant de temps. Je préférais m'oublier plutôt que de les voir attristés.

Mais, qu'en était-il de moi ?

C'est en renforçant ma Foi que j'ai compris qu'il est primordial de prendre soin de soi.
J'ai accepté mon hypersensibilité en comprenant le bienfait qu'Allah m'avait attribué.

*Ma Belle Âme, accepte qui tu es avec toutes tes particularités.
N'oublie jamais qu'avoir un cœur pur est un Bienfait.*

Ton Hypersensibilité...

Je vais à présent te laisser ouvrir ton cœur sur l'hypersensibilité. Te retrouves-tu dans ce que je t'ai écrit précédemment ?
Réfléchis, écris et libère ton esprit. Tu verras, tu te sentiras mieux après cela.

C'est à Toi :

_____
_____
_____
_____
_____
_____
_____
_____
_____
_____
_____
_____
_____
_____
_____
_____

Après la Douleur, vient la Douceur

Après la Douleur, vient la Douceur

*Ma Belle Âme, prends conscience de tes belles qualités.
L'hypersensibilité n'est pas un défaut si tu sais la dompter.*

L'Autodestruction...

Tu vas peut-être passer par cette phase au cours de ta vie. Cette phase au cours de laquelle tu persistes à ne pas écouter tes ressentis.

S'autodétruire, c'est s'infliger du mal à soi-même, c'est avoir sans cesse des pensées négatives, c'est s'inquiéter et s'angoisser constamment.
S'autodétruire, c'est tout simplement se faire du mal physiquement mais aussi émotionnellement.

On pense qu'enfouir sa douleur permet d'apaiser notre cœur. Alors que refouler ses émotions nous mène tout droit à la dépression, à la destruction.
Tu ne laisses rien paraître quand tu es entourée. Mais, une fois isolée, tes pensées te procurent de l'anxiété, alors qu'au fond, tu recherchais de la tranquillité.

Ma Sœur, n'oublie pas que tu es, en quelque sorte, maître de ton corps. Allah nous a donné la raison, nous sommes donc responsables de notre destruction.

Fais les bons choix en pensant toujours à Toi.[3*]

[3*] Je t'invite à te munir de ton Coran.
Rends-toi à la Sourate 42 Ash-Shura (La Consultation), lis et médite sur le verset 30.
Tu comprendras que le mal qui nous atteint vient de nous-mêmes.

Mon Autodestruction...

Je vais à présent te parler de mon Autodestruction, peut-être que tu pourras en tirer des leçons.

J'ai longtemps été cette personne-là, cette jeune femme qui s'autodétruit, qui en oubliait sa propre vie.
Lorsque j'aime une personne, je fais tout pour qu'elle soit heureuse en recherchant son amour, son attention, sa reconnaissance, sa compassion.

Lorsque je donnais tout mon amour et que je ne recevais rien en retour, j'ai fini par être brisée de l'intérieur en accentuant moi-même ma douleur.
Malgré ma souffrance, je ne cessais d'épauler, d'écouter, de conseiller alors que j'aurais mieux fait de m'en aller. Je continuais de forcer, car je voulais me sentir aimée.

Je me disais souvent que cette personne doit souffrir plus que moi. Alors, je mettais de côté toute rancœur et je laissais parler mon cœur.

Avec le temps, et surtout grâce à Dieu, j'ai ouvert les yeux. Il faut parfois effacer des personnes de sa vie, notamment celles qui nous causent du souci.
J'ai appris de mes erreurs et je me suis promis de ne plus recommencer en commençant par bien m'entourer.

Ma Belle Âme, ne te cause pas du tort à toi-même.
Donne de l'importance uniquement à ceux qui t'aiment.

Ton Autodestruction...

Je vais à présent te laisser ouvrir ton cœur sur l'Autodestruction. T'es-tu retrouvée dans cette situation ?
Réfléchis, écris et libère ton esprit. Tu verras, tu te sentiras mieux après cela.

C'est à Toi :

Après la Douleur, vient la Douceur

Après la Douleur, vient la Douceur

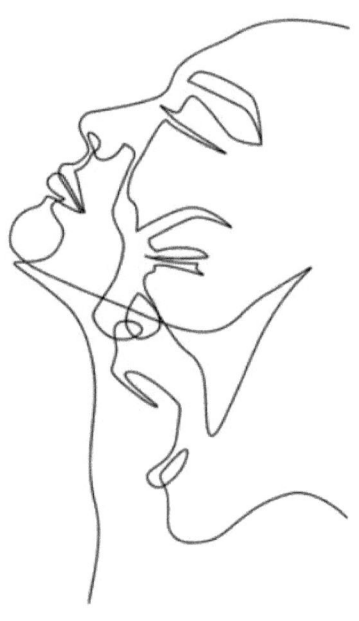

Après la Douleur, vient la Douceur

*Ma Belle Âme, ne sois pas destructrice de ta propre vie.
Confie tes peines à Allah, Il t'apportera Sa Baraka.*

La Trahison...

Être trahi, sali par sa famille ou ses propres amis. L'une des pires douleurs qu'un humain peut ressentir.
Pourtant, tu n'avais rien demandé, juste une épaule sur laquelle te reposer et qui sache t'écouter.

Tu demandais uniquement un peu de compassion, mais cela s'est terminé par une trahison. Toi qui confiais tes plus grands secrets, toi qui racontais les moindres détails de ta vie, tu as fini par être trahie.

Quand tu apprends que cette personne que tu aimais si fort, t'humilie et te rabaisse pendant des années, tu es bouleversée, ton monde finit par s'écrouler.
Tu ressens que ton cœur est en train de se briser.

Puis, tu finis par comprendre que ce qui vient de t'arriver t'était destiné. Tu remercies Allah de t'avoir éloignée de ces personnes qui n'étaient là que par intérêt.
La trahison est une épreuve que l'on peut surmonter, on doit se relever et avancer, car on finira par tout oublier.[4*]

[4*] Je t'invite à te munir de ton Coran.
Rends-toi à la Sourate 45 Al-Jathiya (L'Agenouillée), lis et médite sur le verset 15.
Tu comprendras que le mal que tu as subi se retournera contre celui qui l'a causé.

Ma Trahison...

Je vais à présent te montrer qu'une trahison douloureuse peut te permettre d'être heureuse.

Je pense que l'on a tous été trahis par des personnes avec qui on a partagé notre vie. Que l'on soit au courant ou non, ça s'appelle une trahison. Tu acceptes les sauts d'humeur, les peines de cœur et en retour, on t'inflige de la douleur.

Je pense moi-même avoir été trahie.
Pendant que je m'inquiétais, on disait du mal de moi, on divulguait mes secrets. Quand on raconte toute notre vie, il ne faut pas s'étonner de finir par être trahie. Certains sont comme ça, ils te font croire qu'ils sont une épaule sur laquelle tu peux te reposer alors qu'à la moindre occasion, ils n'hésitent pas à te poignarder.

Au fil du temps, je voyais un changement dans certains comportements. J'ai appris ce qu'on disait de moi durant des années... Le lien venait de se briser, à tout jamais.

La trahison est la plus grande des déceptions. Alors, je ne donne plus jamais ma confiance à n'importe qui pour éviter d'être trahie.

Ma Belle Âme, entoure-toi de la meilleure des façons pour éviter toute trahison.

Ta Trahison...

Je vais à présent te laisser réfléchir à la plus grande trahison que tu as vécue.
Réfléchis, écris et libère ton esprit. Tu verras, tu te sentiras mieux après cela.

C'est à Toi :

_____
_____
_____
_____
_____
_____
_____
_____
_____
_____
_____
_____
_____
_____
_____
_____

Après la Douleur, vient la Douceur

Après la Douleur, vient la Douceur

*Ma Belle Âme, n'oublie jamais de garder un cœur pur.
Même si on te trahit, fais de ton sourire une armure.*

La Dépression...

Quand la noirceur des autres assombrit ton cœur...

La dépression, c'est d'abord le déni. Tu penses que c'est à cause de la fatigue que tes larmes coulent, que ton cerveau s'inonde de pensées négatives. Puis, tu finis par t'isoler, tu ne fais que dormir pour essayer de t'échapper.

Quand tu te sens vidée de toute émotion, c'est là que commence la dépression.
Cette douleur n'est pas comme les autres, tu ne la sens pas physiquement, mais les autres la perçoivent dans ton comportement.

Tu ne manges plus, tu ne sors plus, la vie a désormais un goût amer, mais sache que cela n'est qu'éphémère.
Tu ne trouves plus aucun intérêt à vivre, beaucoup de gens ne te voient plus sourire.

Ma Sœur, ne t'attriste pas, prie et confie tes peines à Allah. C'est lorsque tu es prosternée que tu peux te sentir réellement apaisée.[5*]

[5*] Je t'invite à te munir de ton Coran.
Rends-toi à la Sourate 9 At-Tawbah (Le Repentir), lis et médite sur le verset 40.
Tu comprendras qu'en invoquant Allah, c'est toute ta tristesse qui disparaîtra.

Ma Dépression...

Je vais à présent te parler de la petite dépression dans laquelle je suis tombée. Je te rassure, j'ai fini par me relever.

Les mauvaises pensées inondaient mes nuits. Mon corps me démangeait, je ne faisais que me gratter quitte à ce que mon sang ne fasse que couler.
Je ne comprenais pas ce qui était en train de m'arriver, le cauchemar ne faisait que commencer.

J'étais stressée, angoissée, à la limite de pleurer. J'avais l'impression que personne ne m'aimait, que j'étais un poids pour tous ceux qui m'entouraient. Chaque phrase me procurait de mauvaises sensations alors qu'en réalité, ces personnes me communiquaient leur compassion.
Je faisais en sorte de ne rien laisser paraître en m'efforçant de tout mon être. Je broyais du noir, en n'ayant plus aucun espoir. Seulement cela ne faisait qu'empirer ma situation, ma dépression.

Je n'avais plus aucun plaisir à vivre, mon âme souffrait car je n'en prenais plus soin.
Tu dois te demander comment m'en suis-je sortie ? Mon seul réconfort a été de demander L'aide d'Allah, Le Seul qui puisse m'aider dans cette Dunya.

Ma Belle Âme, ne laisse pas les mauvaises pensées t'assommer. Ces pensées finiront par laisser place à la tranquillité.

Ta Dépression...

Je vais à présent te laisser écrire. Es-tu déjà tombée en dépression ? Pour quelles raisons ?
Réfléchis, écris et libère ton esprit. Tu verras, tu te sentiras mieux après cela.

C'est à Toi :

_____
_____
_____
_____
_____
_____
_____
_____
_____
_____
_____
_____
_____
_____
_____
_____

Après la Douleur, vient la Douceur

Après la Douleur, vient la Douceur

*Ma Belle Âme, sache gérer tes émotions
pour ne pas tomber en dépression.*

L'Anxiété...

Ce sentiment, ou plutôt cette sensation, se manifeste de plusieurs façons.
L'inquiétude ou encore la peur se manifestent dans notre corps de manière excessive.

Le cœur qui commence à palpiter, une alternance de sueurs chaudes et froides, la respiration qui commence à se couper... C'est cela, l'anxiété.
Tu as du mal à gérer tes émotions, tout est confus, tu n'arrives plus à faire face à la réalité, un rien est capable de te faire stresser.

Je ne parle pas du stress qui survient lorsque tu dois prendre la parole en public, par exemple. Je parle du stress qui t'envahit dans n'importe quelle situation de ta vie.
Celui qui te ronge l'esprit et qui t'empêche de dormir la nuit.
Cette anxiété que tu ne peux pas gérer et qui fait également partie de ton hypersensibilité. Tu n'as pas d'autres choix que de l'accepter mais, pour cela, il va falloir que tu apprennes à la gérer.

Ne laisse rien ni personne te causer du tort, car cela se reflète sur ton corps.
Romps les liens avec ceux qui te causent du stress, car ils ne seront pas là pour toi en cas de détresse.[6*]

[6*] Je t'invite à te munir de ton Coran.
Rends-toi à la Sourate 13 Ar-Raad (Le Tonnerre), lis et médite sur le verset 28.
Tu comprendras qu'en invoquant Allah, ton anxiété s'apaisera.

Mon Anxiété...

Je vais à présent te parler de mon anxiété, oui je suis de nature très stressée.

Plus je grandissais et plus mon anxiété augmentait. Je n'arrivais pas à la gérer, mon cœur ne cessait de palpiter tandis que mes membres se mettaient à trembler.

Certaines personnes me causaient cette anxiété, j'avais peur de faire des choses qui puissent les blesser. Je faisais toujours en sorte de bien me comporter, car on pouvait ne plus me parler pour de simples futilités.

Avec le temps, mon anxiété s'est intensifiée. Un jour, un simple message m'a valu une crise d'angoisse. Mon corps entier s'est mis à trembler et ma respiration a commencé à se couper. Je n'arrivais même plus à parler, mes mains ne cessaient de s'agiter. C'était la première fois que je me retrouvais dans cet état.

Je ne comprenais pas d'où cela venait, mais quand je voyais que les membres de ma famille stressaient également pour des futilités, j'ai compris que ce n'était qu'une question d'hérédité.

J'espère qu'un jour cette anxiété disparaîtra, bien qu'elle fasse partie de moi.

Ma Belle Âme, Seul Le Très Haut peut soigner tes maux.

Ton Anxiété...

Je vais à présent te laisser écrire. As-tu déjà stressé au point de ne plus rien contrôler ?
Réfléchis, écris et libère ton esprit. Tu verras, tu te sentiras mieux après cela.

C'est à Toi :

Après la Douleur, vient la Douceur

Après la Douleur, vient la Douceur

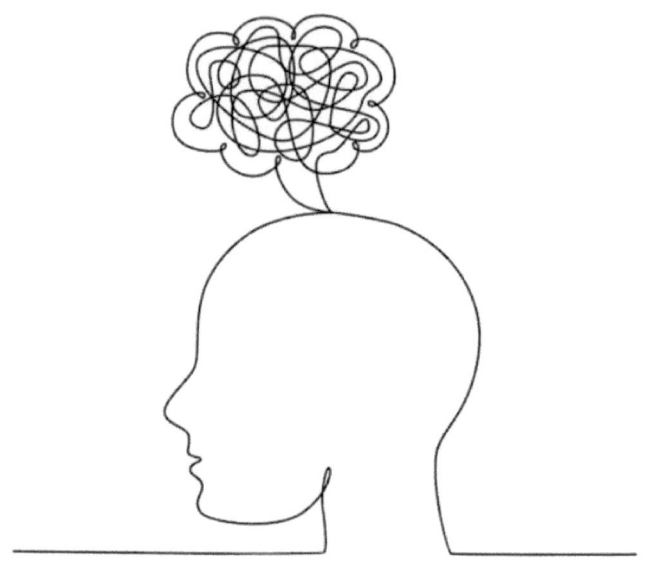

*Ma Belle Âme, ne t'angoisse pas.
Laisse de côté toute futilité, privilégie la tranquillité.*

Quelques mots pour clôturer cette première partie...

Cette première partie te raconte les différents maux que j'ai rencontrés au cours de ma vie, les phases sombres par lesquelles j'ai dû passer pour pouvoir ensuite me relever.

Sache que la plupart de mes douleurs ont été causées par autrui.
Mon âme se débattait lorsque certaines personnes m'approchaient. En vain, je faisais comme si de rien n'était. Je pense que je faisais semblant de ne pas comprendre, car en réalité, j'avais peur de me retrouver seule. Mais comme on dit, mieux vaut être seule que mal accompagnée.

Puis un jour, Allah m'a sauvée. Les masques sont tombés et j'ai pu faire face à la réalité.

Ce que j'essaie de te dire à travers ces quelques lignes, c'est qu'il est important de s'entourer de personnes pieuses qui craignent Allah, car elles n'oseront pas te faire du mal. Entoure-toi de personnes qui t'aiment et qui souhaitent te voir t'élever, quitte à briser certaines amitiés.

Fraternellement

Almas F.

La Patience est une vertu,
Munis-toi de cette plus-value.

Chapitre 2 : *Fais toujours preuve de Patience*

La patience, c'est attendre gentiment pour éviter de se fatiguer mentalement.
C'est une qualité appréciée de notre Créateur, car elle permet d'alléger notre cœur bien qu'il renferme de nombreuses peurs.

Faire preuve de patience peut parfois nous causer de la douleur, mais c'est ce qui reflète notre douceur.
On sourit alors qu'à l'intérieur nous sommes détruits. On aide autrui en oubliant notre propre vie, nos propres soucis.

Il faut être patient et pardonner aux gens afin de pouvoir aller de l'avant. Cela montre que tu as grandi, que tu as mûri.

La patience, c'est avoir une confiance aveugle en notre Seigneur, car Il est le Seul qui puisse réellement apaiser notre cœur.

Grâce à la patience, tu comprendras ce que sont les notions d'espoir, de pardon, de gratitude et de méditation.

« *Le meilleur remède pour tous les problèmes, c'est la patience.* »
De Plaute

Après la Douleur, vient la Douceur

La Patience... As-Sabr

La patience a pu causer certaines de tes douleurs.

On essayait de t'énerver, tu patientais.
On te manquait de respect, tu patientais.
Tu n'avais pas de réponse à tes questions, tu patientais.

Patience, patience, patience... voilà que ce mot on te répétait.

Dans n'importe quelle situation, tu patientes. Même lorsque tu rencontres des difficultés, tu fais tout pour les supporter.
Tu restes calme, sereine, car tu n'es pas quelqu'un qui se laisse emporter par la haine.
Être patiente, ce n'est pas facile, tu te sens seule, incomprise. Tu fais comme si tout allait bien, alors qu'au fond, tout se brise.

Mais lorsque tu lis Les paroles d'Allah, cela ne fait qu'augmenter ta Foi.
Un jour, Il t'accorde tout ce que tu désirais et ce pour quoi tu L'invoquais.[7*]

[7*] Je t'invite à te munir de ton Coran.
Rends-toi à la Sourate 2 Al-Baqarah (La Vache), lis et médite sur le verset 153.
Tu comprendras que la Patience fait partie des Bienfaits d'Allah.

Ma Patience...

Je vais à présent te parler de ma patience, cette belle qualité qu'Allah m'a accordée.

Mon entourage m'a toujours qualifiée de personne patiente, notamment face aux diverses épreuves qui se dressaient sur mon chemin. J'ai toujours fait en sorte d'agir de la meilleure des manières.
Je me tais lorsque l'on m'insulte. Je pardonne lorsque l'on me rabaisse ou m'humilie.

J'ai patienté et prié pour quelque chose que je voulais au plus profond de moi. Après plusieurs années, Allah m'a exaucée.
J'ai compris que la patience a une durée illimitée.

Aujourd'hui, je patiente encore pour des choses que j'aimerais voir se réaliser.
Le temps me paraît tellement long, mais j'attendrai celui qui complétera ma religion.
Ma Sœur, si toi aussi tu souhaites te marier, ne commence pas à désespérer.
Peu importe l'âge auquel tu te maries, l'important est de bien choisir son compagnon de vie.

Ne t'afflige pas lorsque Allah ne répond pas tout de suite à tes Dû'aa.

Ma Belle Âme, patiente ! Allah ne t'a ni abandonnée, ni oubliée.

Avant de continuer, j'aimerais te rappeler les réponses qu'Allah donne à tes invocations.

1. **Oui** : Allah t'accorde ce que tu Lui as demandé quand Il veut et de la façon qu'Il veut.

2. **Oui, mais pas maintenant** : Allah t'accordera ce que tu Lui as demandé plus tard que ce que tu espérais, que ce soit ici-bas ou bien dans l'Au-delà.

3. **Non, en te préservant** : Allah répond à ton invocation en t'évitant un mal. Il se peut que ton invocation n'était pas un bien pour toi, alors Allah ne te répond pas favorablement afin de t'éloigner de cela.

Le Prophète Muhammad (que la prière d'Allah et Son Salut soient sur lui) a dit :

« *Tout musulman qui invoque Allah d'une invocation qui ne contient ni péché, ni rupture de liens familiaux, Allah lui donnera grâce à cette invocation l'une des trois choses : Il exauce sa demande, Il la lui garde pour l'Au-delà ou Il Lui évite un mal qui lui équivaut.* »[8]

Patience, Allah T'exaucera.

---

[8] At-Tirmidhi 5/566 et 5/462, Ahmed 3/18.

Ta Patience...

Je vais à présent te laisser écrire, rappelle-toi lorsque tu as dû faire preuve de patience.
Réfléchis, écris et libère ton esprit. Tu verras, tu te sentiras mieux après cela.

C'est à Toi :

_____
_____
_____
_____
_____
_____
_____
_____
_____
_____
_____
_____
_____
_____
_____

Après la Douleur, vient la Douceur

Après la Douleur, vient la Douceur

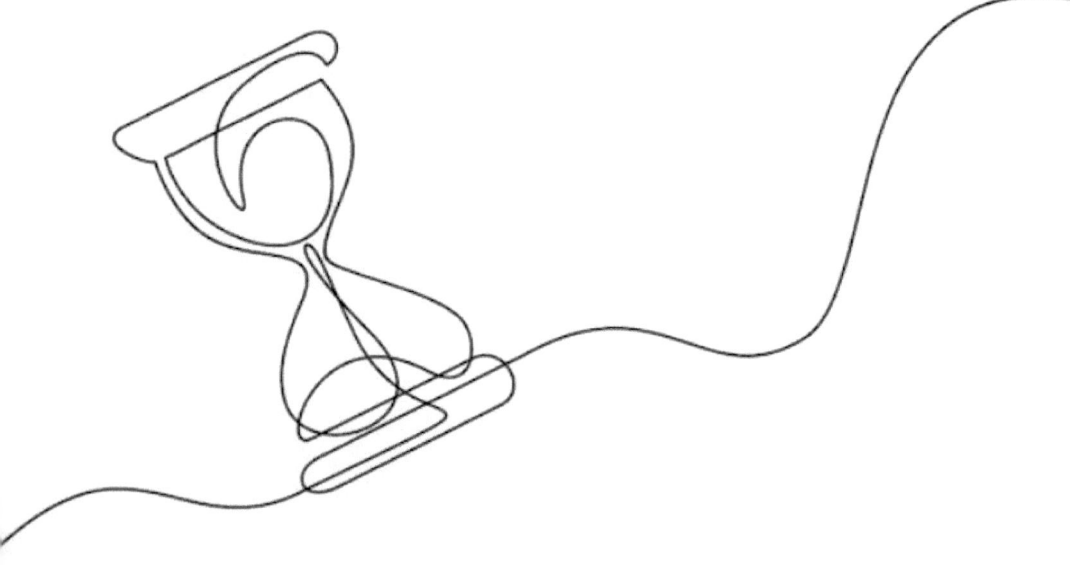

Après la Douleur, vient la Douceur

*Ma Belle Âme, la Patience est une belle qualité,
alors ne la mets pas de côté.*

Les Épreuves...

Durant cette vie d'ici-bas, nous passerons inévitablement par toutes sortes d'épreuves, elles font partie de cette Dunya. Les épreuves sont des événements plus ou moins conséquents.
Parfois, ces événements nous paraissent insurmontables, on a l'impression que l'on ne s'en sortira pas.
Tout s'enchaîne, tu te retrouves noyée au milieu de plusieurs sentiments comme la déception ou encore la haine.

Sache que ces épreuves tombent toujours au bon moment, tu en tireras forcément une leçon qui peut ensuite se transformer en bénédiction.
Peut-être que cette épreuve t'a permis d'éviter un mal qui allait te toucher, te briser.

On se pose un milliard de questions, notamment comment aurais-je pu éviter cela ? À ce moment-là, il est essentiel de se rappeler que cela fait partie du plan d'Allah.

Alors ne te morfonds pas, ces épreuves te permettent de te souvenir que cette Dunya n'est qu'un test pour réussir à rejoindre Allah dans Al-Jannah.[9*]

[9*] Je t'invite à te munir de ton Coran.
Rends-toi à la Sourate 2 Al-Baqarah (La Vache), lis et médite sur le verset 286.
Tu comprendras que tu peux surmonter chaque épreuve qui se dresse devant toi.

Mes Épreuves...

Je vais à présent te parler d'une grande épreuve que j'ai vécue il y a quelques années.

J'ai été victime de calomnie. On m'a salie, tout ça par simple jalousie.
Quand je l'ai appris, je me suis effondrée. Mes yeux débordant de larmes, je suffoquais. On ne m'a pas consolée, personne ne me croyait.
J'ai patienté, mais elle avait gagné : les personnes que j'aimais étaient de son côté. Pour elles, je n'étais finalement pas celle qu'elles croyaient.
C'est à partir de cette situation qu'a commencé ma dépression. J'ai perdu beaucoup de poids, je ne prenais plus soin de moi. Tous les soirs j'y pensais, dans le noir je pleurais, mais personne ne s'en doutait.

Ça a été très dur de ne pas avoir le soutien qu'il me fallait. Aujourd'hui, je n'en suis pas totalement guérie mais, ainsi va la vie.

J'ai patienté, en attendant qu'Allah vienne me délivrer. Oui, un jour je me suis relevée.

Ma Belle Âme, répète : « Hasbi Allah wa ni'mal wakil » (Allah Nous suffit, Il est Notre Meilleur Garant)

Tes Épreuves...

Je vais à présent te laisser écrire. As-tu vécu une épreuve similaire ? Comment as-tu réagi face à cela ?
Réfléchis, écris et libère ton esprit. Tu verras, tu te sentiras mieux après cela.

C'est à Toi :

_____
_____
_____
_____
_____
_____
_____
_____
_____
_____
_____
_____
_____
_____
_____
_____

Après la Douleur, vient la Douceur

Après la Douleur, vient la Douceur

*Ma Belle Âme, les épreuves font partie de cette Dunya.
Ne désespère pas, Allah est avec toi.*

L'Espoir...

L'Espoir fait partie de la patience. Espérer, c'est attendre avec confiance que quelque chose ou quelqu'un finisse par se manifester, ou bien se réaliser.

En tant que musulmanes, nous devons avoir une confiance aveugle en Allah. On a l'espoir qu'Il règle nos problèmes, qu'Il dissipe nos soucis.
Quand une épreuve nous atteint, on doit se dire que cela fait partie de notre destin et qu'elle nous apportera forcément un bien.

Cette façon de penser permet de les surmonter.
Garder espoir permet de ne pas broyer du noir.

Ma Sœur, ne t'attriste pas, aie confiance en Allah. Un jour, tes invocations seront exaucées et Allah t'accordera des choses que tu n'attendais pas.

Voilà la récompense de ceux qui patientent et qui gardent espoir.
Un jour, la lumière vient éclairer ce petit cœur qui s'enfonçait petit à petit dans le noir.[10*]

[10*] Je t'invite à te munir de ton Coran.
Rends-toi à la Sourate 12 Yusuf (Joseph), lis et médite sur le verset 87.
Son histoire te permettra de toujours garder espoir.

Mon Espoir...

Je vais à présent te parler de l'espoir que j'ai gardé durant des années. L'espoir que l'on s'excuse après le mal que l'on m'a causé.

J'ai gardé espoir que cette personne s'excuse pour le mensonge qu'elle a propagé. En vain, elle n'a pas culpabilisé pour le mal qu'elle m'a causé.
J'ai gardé espoir en espérant que les personnes autour de moi me croient.
J'ai gardé espoir en attendant qu'Allah m'enlève la douleur que je ressentais au plus profond de mon cœur. Cette douleur qui me brisait de l'intérieur.

J'avais mal, je pleurais en silence. Personne ne s'est réellement douté de cette souffrance. Je ne voulais pas en parler, je préférais oublier.
Ça n'a pas été facile de patienter. Il faut vraiment avoir du mental et continuer d'espérer.

C'est pour cela qu'il faut que tu œuvres pour qu'Allah facilite tes épreuves.
Aie confiance, tes invocations seront exaucées et tu verras des merveilles se réaliser.

Ma Belle Âme, garde espoir même si tu as l'impression de broyer du noir.

Ton Espoir...

Je vais à présent te laisser écrire. As-tu déjà perdu espoir pour quelconque raison ?
Réfléchis, écris et libère ton esprit. Tu verras, tu te sentiras mieux après cela.

C'est à Toi :

_____
_____
_____
_____
_____
_____
_____
_____
_____
_____
_____
_____
_____
_____

Après la Douleur, vient la Douceur

Après la Douleur, vient la Douceur

Après la Douleur, vient la Douceur

*Ma Belle Âme, ne désespère pas de la Grâce d'Allah.
Garde espoir, tout ce qui t'est destiné viendra à toi.*

Le Pardon...

Pardonner peut s'avérer difficile. Pourtant, il n'y a rien de plus libérateur pour apaiser son cœur. Le pardon efface les douleurs.
Il faut apprendre à pardonner, peu importe ce qui a pu se passer, c'est ce qui t'apportera la paix.

Si tu décides de ne pas pardonner, tu rumineras sans cesse, les souvenirs ne feront que te hanter et tu finiras par rester dans le passé.
Pardonner permet justement d'aller de l'avant, d'arrêter de culpabiliser, car tout ce qui s'est passé devait arriver.

Ne souhaites-tu pas que ton âme se sente apaisée ?

Ma Sœur, apprends à pardonner et à effacer les mauvais souvenirs de ton esprit.
Pardonne-leur puis efface ces personnes toxiques de ta vie, avance et souris.

N'oublie jamais qu'Allah Nous accorde Sa Miséricorde, alors qui sommes-nous pour ne pas pardonner ?[11*]

[11*] Je t'invite à te munir de ton Coran.
Rends-toi à la Sourate 39 Az-Zumar (Les Groupes), lis et médite sur le verset 53.
Tu comprendras que si Notre Créateur pardonne, alors tu te dois de faire pareil.

Avant de te raconter mon lien avec le Pardon, je voulais te rappeler ces quelques Beaux Noms.

Ar-Rahmân : Le Tout Miséricordieux

Ar-Rahîm : Le Très Miséricordieux

Al-Ghaffâr : Le Tout-Pardonnant

Al-Ghaffûr : Qui Pardonne

Ma Sœur, médite sur ces Beaux Noms. Peut-être que cela te facilitera le Pardon.

Après la Douleur, vient la Douceur

Mon Pardon...

Je vais à présent te parler du pardon que j'ai toujours su accorder, même à ceux qui m'ont blessée.

Je me suis toujours dit qu'il fallait pardonner, c'est donc ce que j'ai fait pendant des années.
Lorsque je t'aime et que je te porte dans mon cœur, même si tu me fais du mal, je fais en sorte d'oublier cette douleur.

Au fil des années, je me suis rendu compte que je ne savais pas pardonner.
Pardonner ne veut pas forcément dire qu'il faut renouer avec la personne qui t'a fait du mal, sauf que moi, c'est ce que je faisais.
Puis, au fil des années, je me suis rendu compte qu'il fallait certes pardonner pour se sentir apaisée, mais il fallait aussi s'éloigner lorsqu'il n'y a plus de respect.

Aujourd'hui, j'ai pardonné à tous ceux qui m'ont causé de la douleur, mais je les ai également effacés de mon cœur. J'ai compris que le pardon mène à la guérison.

Pour pardonner, rappelle-toi toujours que notre Créateur est Le plus grand Pardonneur.
Alors qui sommes-nous, toi comme moi, pour garder de la rancœur ?

Ma Belle Âme, sache que la rancœur abîme le cœur.

Ton Pardon...

Je vais à présent te laisser écrire. Es-tu quelqu'un qui pardonne facilement ? Ou as-tu encore de la rancœur au fond de ton cœur ? Réfléchis, écris et libère ton esprit. Tu verras, tu te sentiras mieux après cela.

C'est à Toi :

―――――――――――――――――――――――
―――――――――――――――――――――――
―――――――――――――――――――――――
―――――――――――――――――――――――
―――――――――――――――――――――――
―――――――――――――――――――――――
―――――――――――――――――――――――
―――――――――――――――――――――――
―――――――――――――――――――――――
―――――――――――――――――――――――
―――――――――――――――――――――――
―――――――――――――――――――――――
―――――――――――――――――――――――
―――――――――――――――――――――――
―――――――――――――――――――――――

Après la Douleur, vient la Douceur

Après la Douleur, vient la Douceur

Après la Douleur, vient la Douceur

*Ma Belle Âme, sache pardonner pour te sentir apaisée.
Va de l'avant et oublie le passé.*

La Méditation...

La méditation est une sorte de longue réflexion.
C'est réfléchir longuement, profondément, sur n'importe quel sujet, afin de se concentrer sur ses pensées et ses sensations.

La méditation est fortement recommandée lorsque l'on recherche du calme mais surtout de la relaxation.

En tant que musulmane, notre méditation devrait se porter sur la création.
Prends le temps de te balader, d'avancer et d'observer tout ce qu'Allah a créé. Ne te sens-tu pas apaisée ?

Pose-toi quelque part et médite de toutes parts.
Qui t'a si minutieusement constituée ?
Qui a fait de toi un être doué d'intelligence capable de penser ?
Et qui t'a attribué ce cœur capable de ressentir et d'aimer ?

Ouvre les yeux et laisse ton cerveau penser afin de méditer sur les signes qu'Allah t'a laissés.[12*]

[12*] Je t'invite à te munir de ton Coran.
Rends-toi à la Sourate 38 Sad, lis et médite sur le verset 29.
Tu comprendras que la méditation fait partie des actes d'adoration.

Ma Méditation...

Je vais à présent te parler de ma façon de méditer sur tous les bienfaits qu'Allah m'a attribués.

Pour méditer, j'ai le besoin profond de m'isoler. En effet, la solitude est quelque chose qui m'apporte énormément de quiétude.

J'aime aller me balader, observer, et méditer sur tout ce qu'Allah a créé.
La méditation me permet d'avoir de longues réflexions sur toute la Création.

Cette activité me permet de me concentrer sur mes pensées et mes sensations, ce qui me permet ensuite de contrôler mes émotions.

La méditation me permet d'accéder au calme, de me relaxer.
Ma Sœur, je te conseille de pratiquer cette activité : grâce à elle, tu te sentiras profondément apaisée.

La meilleure méditation que je conseille est celle du Coran, car grâce à elle, on en tire de profitables enseignements.

Ma Belle Âme, médite sur la Création et sur tous les Bienfaits qui sont en ta possession.

Ta Méditation...

Je vais à présent te laisser écrire. Te donnes-tu du temps pour réfléchir longuement ?
Réfléchis, écris et libère ton esprit. Tu verras, tu te sentiras mieux après cela.

C'est à Toi :

_____
_____
_____
_____
_____
_____
_____
_____
_____
_____
_____
_____
_____
_____
_____

Après la Douleur, vient la Douceur

Après la Douleur, vient la Douceur

Après la Douleur, vient la Douceur

Ma Belle Âme, prends le temps de méditer, notamment sur notre Livre Sacré.

La Gratitude...

J'ai souvent entendu ce mot, mais je ne savais pas réellement ce que cela voulait dire.
La gratitude est tout simplement le fait d'être reconnaissant, que ce soit envers autrui ou envers notre Créateur.

En tant que musulmanes, nous devons être reconnaissantes envers les bienfaits qu'Allah nous a attribués. Sans lui, nous ne serions pas la personne que nous sommes aujourd'hui.
C'est grâce à la patience que j'ai compris qu'il faut toujours exprimer sa gratitude envers Lui.

As-tu exprimé ta gratitude à Allah en disant simplement Al HamdûlilLah ? Si tu lis ces mots, c'est qu'il n'est pas trop tard pour y remédier.

Je t'invite donc à contacter quelqu'un de ton entourage, que ce soit en face à face ou par message, pour le soutien qu'elle/il t'apporte au quotidien. Avec elle/il, tu te sens apaisée, alors n'oublie pas de la/le remercier.

Ma Sœur, je viens te solliciter pour que tu fasses ton Dhikr de la journée.
(Si tu ne sais pas comment t'y prendre, la page suivante est là pour te guider).[13*]

[13*] Je t'invite à te munir de ton Coran.
Rends-toi à la Sourate 2 Al-Baqarah (La Vache), lis et médite sur le verset 152.
Allah te dit Lui-Même de te montrer reconnaissante.

Exprimer notre gratitude envers Allah

- L'Invoquer : Faire des invocations au cours de la journée.
- L'Évoquer : Faire du Dhikr au cours de la journée.

Cela permet de se rappeler Allah et Ses nombreux Bienfaits qu'Il t'a accordés.

Comment faire son Dhikr ?

**Subhan Allah* : 33 fois (traduction : Gloire à Allah)
**Al Hamdûlillah* : 33 fois (traduction : Louange à Allah)
**Allahu Akbar* : 33 fois (traduction : Allah est Grand)

Tu peux également rajouter ceci :

**Astaghfirullah* : 3 fois (traduction : Je demande pardon à Allah)

**La ilaha illa Allah* : 3 fois (traduction : Il n'y a pas de divinité digne d'être adorée excepté Allah)

**La Hawla wa la quwwata illa billah* : Il n'y a de force et de puissance qu'en Allah.

**SubhanAllah wa bihamdihi* : Gloire et Louange à Allah

Ma Gratitude...

Je vais à présent te parler de ma façon d'exprimer ma gratitude envers Allah, mais également envers mon entourage.

- Envers Allah

Lorsque je me lève pour effectuer la prière du Fajr, je finis par faire du Dhikr.
Je fais également du dhikr avant d'aller dormir, quand je me mets au lit.

En faisant cela, je me dis que je commence bien la journée et je la finis en beauté.

Durant la journée, je me remémore les Bienfaits qu'Allah m'a attribués et je prends du temps pour Le remercier.

Concernant les invocations, je les fais généralement lors de la prière de Tahajjud (dernier tiers de la nuit).

D'après Abou Houreyra (qu'Allah l'agrée), le Prophète (que la prière d'Allah et Son Salut soient sur lui) a dit :
« *Notre Seigneur descend chaque nuit vers le ciel de l'ici-bas lorsqu'il ne reste que le dernier tiers de la nuit et Il dit : « Qui M'invoque que Je l'exauce, qui Me demande que Je lui donne et qui Me demande pardon que Je lui pardonne ? »* »[14]

---

[14] Rapporté par Boukhari dans son Sahih n°1145 et Mouslim dans son Sahih n°758

- Envers mon entourage

Je suis une personne qui aime offrir, que ce soit des biens matériels ou bien tout simplement mon aide.
Je remercie mon entourage en leur donnant de mon temps, de mon attention et de tout ce qui pourrait leur faire plaisir, j'essaie toujours de les faire sourire.
J'aime prendre le temps de remercier les personnes qui ont passé un moment à mes côtés.

Je tiens, par ces quelques mots, à exprimer ma gratitude envers toutes les personnes qui font partie de ma vie.
Je vous remercie d'être là pour moi, dans les hauts comme dans les bas, je vous remercie de me soutenir et de faire en sorte de toujours me faire sourire.

Vous êtes tous précieux à mes yeux.

Que Dieu vous préserve à mes côtés, pour l'éternité.

Amîn.

Ma Belle Âme, n'oublie pas de remercier tous ceux qui sont à tes côtés.

Ta Gratitude...

Je vais à présent te laisser écrire. Comment exprimes-tu ta gratitude envers autrui et envers Allah ?
Réfléchis, écris et libère ton esprit. Tu verras, tu te sentiras mieux après cela.

C'est à Toi :

_____
_____
_____
_____
_____
_____
_____
_____
_____
_____
_____
_____
_____
_____
_____

Après la Douleur, vient la Douceur

Après la Douleur, vient la Douceur

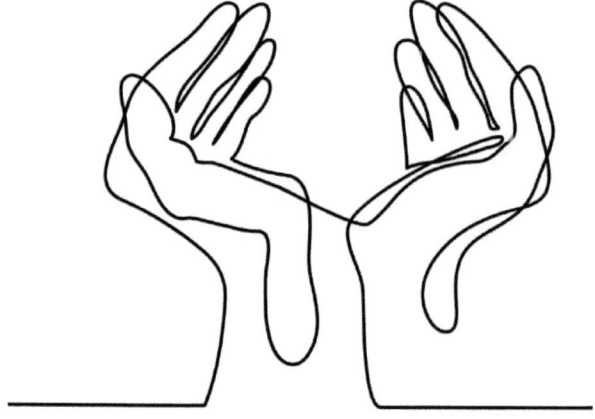

Après la Douleur, vient la Douceur

Ma Belle Âme, sois reconnaissante pour ce que tu as dans ta vie, car sache que rien n'est acquis.

Quelques mots pour clôturer cette deuxième partie...

À travers cette deuxième partie, j'ai essayé de te faire comprendre l'importance de la patience.
Je t'ai raconté ma plus grosse épreuve, celle qui m'a littéralement détruite et qui continue de me hanter. Je veux te faire comprendre que c'est en faisant de la patience ton alliée que tu pourras te relever.

Ne cesse jamais d'avoir de l'espoir en Allah, Lui seul te sauvera. Il t'éprouve parce qu'Il t'aime.

Apprends à donner ton pardon, car c'est le cheminement qui te mènera à la guérison. Je sais que c'est dur, je suis peut-être passée par les mêmes épreuves que toi et que tu t'es retrouvée en moi.
Mais sache que les injustes ne gagneront pas, alors Ma Sœur, ne baisse pas les bras !

Apaise ton esprit en te trouvant des occupations.
Contemple la vie grâce à la méditation.
Tu sentiras ton cœur s'alléger, tu seras désormais apaisée.

Fraternellement

Almas F.

Après la Douleur, vient la Douceur

La Douceur reflète la beauté du cœur ♥

Chapitre 3 : *Afin que la Douceur s'empare de ton âme.*

La douceur, un mot qui reflète la beauté du cœur.

Lorsque tu prononces ce mot, tu en comprends directement le sens mais aussi l'importance.

La douceur est un trait de caractère que nous devrions tous acquérir. Qui n'apprécie pas d'être en compagnie de personnes douces, agréables, affectueuses ?

Une personne douce ne se met pas en colère et préfère sourire, elle ne blesse pas les autres et réfléchit avant d'agir.

La douceur renferme d'autres qualités comme la bienveillance, l'amour, la pureté ou encore la piété.

Ces qualités sont appréciées de Celui Qui nous a créés. Alors, pour mériter l'Amour de Notre Créateur, faisons en sorte de toujours faire preuve de douceur.

« La beauté plaît aux yeux, la douceur charme l'âme. »
Voltaire

Après la Douleur, vient la Douceur

La Douceur...

Lorsque tu entends juste ce mot être prononcé, tu te sens directement apaisée.
La douceur, c'est ce qui va venir atténuer tes peurs. Lorsque l'on est doux envers toi, tu oublies tout ce qui te faisait angoisser autrefois.

Ton cœur a besoin de guérir, de se reposer et de s'épanouir. En ayant des personnes douces à tes côtés, il pourra de nouveau aimer. Garde à l'esprit que tu dois, toi aussi, être une source de douceur pour autrui.

Il faut constamment adoucir ton comportement, en commençant par adopter un vocabulaire décent. Délaisse les mots obscènes et vulgaires, en les remplaçant par des paroles douces susceptibles de plaire.

Ma Sœur, fais partie de ces personnes douces dont on aime la compagnie et que l'on aimerait avoir à ses côtés toute la vie.
Et n'oublie pas d'agir également avec douceur envers ton propre cœur.[15*]

[15*] Je t'invite à te munir de ton Coran.
Rends-toi à la Sourate 26 As-Shu'ara (Les Poètes), lis et médite sur le verset 19.
Tu comprendras l'importance de la douceur.

Ma Douceur…

Je vais à présent te parler du caractère doux que j'ai acquis avec le temps.

Mon entourage m'a souvent qualifiée de personne douce. C'est une qualité que j'ai acquise avec le temps, doucement mais sûrement.
Plus je prenais en maturité et plus je devenais une personne posée.

Je restais calme face au mal que l'on me faisait, en me rappelant comment agissait Notre Prophète Bien-Aimé (que la prière d'Allah et Son Salut soient sur lui).
Même lorsque l'on m'insultait, je gardais le silence en faisant preuve de patience. Je finissais par répondre avec douceur, bien que mon corps brûlait de douleur.

J'ai toujours aimé étudier afin de pouvoir aider et surtout conseiller toute personne qui me sollicitait. J'essaie toujours de parler avec douceur afin que mes mots aient de l'impact sur ces âmes qui souffrent à l'intérieur.

C'est grâce à ma foi que je tiens le coup et que je continue de toujours prononcer des mots doux.

Ma Belle Âme, adopte un caractère doux avec autrui. Tu verras que cela embellira ta vie.

La Douceur de Notre Créateur

Avant que tu te saisisses de ton stylo, j'aimerais te dire ces quelques mots.

Notre Créateur agit toujours avec Douceur, même lorsque l'on commet des erreurs.

Le Prophète Muhammad (que la prière d'Allah et Son Salut soient sur lui) a dit :

« Allah est Doux et Il aime la douceur. Il donne à celui qui est doux ce qu'Il ne donne pas à celui qui fait preuve de dureté. »[16]

Sois douce afin d'avoir ce que tu désires, tout ce qui suscite ton plaisir.

---
[16] Mouslim

Après la Douleur, vient la Douceur

Ta Douceur...

Je vais à présent te laisser écrire. Es-tu douce ? Comment exprimes-tu ta douceur envers les autres ?
Réfléchis, écris et libère ton esprit. Tu verras, tu te sentiras mieux après cela.

C'est à Toi :

Après la Douleur, vient la Douceur

Après la Douleur, vient la Douceur

*Ma Belle Âme, arme-toi de Douceur
afin d'être un apaisement pour les cœurs.*

La Bienveillance...

Ce trait de caractère consiste à accepter autrui en se montrant compréhensif et indulgent vis-à-vis de lui.
La bienveillance, c'est accepter l'autre dans son entièreté et veiller à ne surtout pas le juger.
C'est agir avec douceur en sachant que tout le monde fait des erreurs.

Sois bienveillante envers toi-même, ne te juge pas et accepte-toi telle que tu es afin de pouvoir l'être également avec les autres.
Oui, c'est d'abord à toi que tu dois apporter de la douceur afin que tu puisses, par la suite, aider les autres sœurs.

La bienveillance est une preuve de sagesse et de maturité, fais tout ton possible pour te munir de ces belles qualités. Fais le bien autour de toi, Allah Te récompensera.

Ma Sœur, si en me lisant tu te reconnais, alors sache qu'Allah T'a accordé une grande qualité, nécessaire pour notre communauté.[17*]

[17*] Je t'invite à te munir de ton Coran.
Rends-toi à la Sourate 16 An-Nahl (Les Abeilles), lis et médite sur le verset 90.
Tu comprendras l'importance de la bienveillance envers autrui.

Ma Bienveillance…

Je vais à présent te parler de ma façon d'être bienveillante.

De par mon caractère, j'ai souvent été sollicitée pour apporter conseils et sérénité.
J'aime prendre le temps d'écouter mes amis ou ma famille sur diverses difficultés qu'ils rencontrent au cours de leur vie.

Quand une personne a besoin d'être écoutée et qu'elle se dirige vers moi. Je suis très reconnaissante envers cela, car je me dis que parmi toutes les personnes présentes dans sa vie, c'est moi qu'elle a choisie.
C'est Allah Qui me l'a envoyé pour que je puisse l'aider.

J'essaie toujours d'être la plus objective possible, afin de ne pas blesser autrui.
C'est pour cela que les personnes ont une facilité à parler avec moi car je ne juge pas. Je l'écoute parler, puis j'essaie de trouver une solution afin que celle-ci se sente apaisée.

Lorsque tu es bienveillante, on se confie souvent à toi, on te fait confiance sans souci. Sache donc garder les secrets que l'on te confie.

Ma Belle Âme, sois celle qui apporte le réconfort à celles qui ne se sentent pas bien dans leur corps.

Ta Bienveillance...

Je vais à présent te laisser écrire. Es-tu une personne bienveillante ?
Réfléchis, écris et libère ton esprit. Tu verras, tu te sentiras mieux après cela.

C'est à Toi :

Après la Douleur, vient la Douceur

Après la Douleur, vient la Douceur

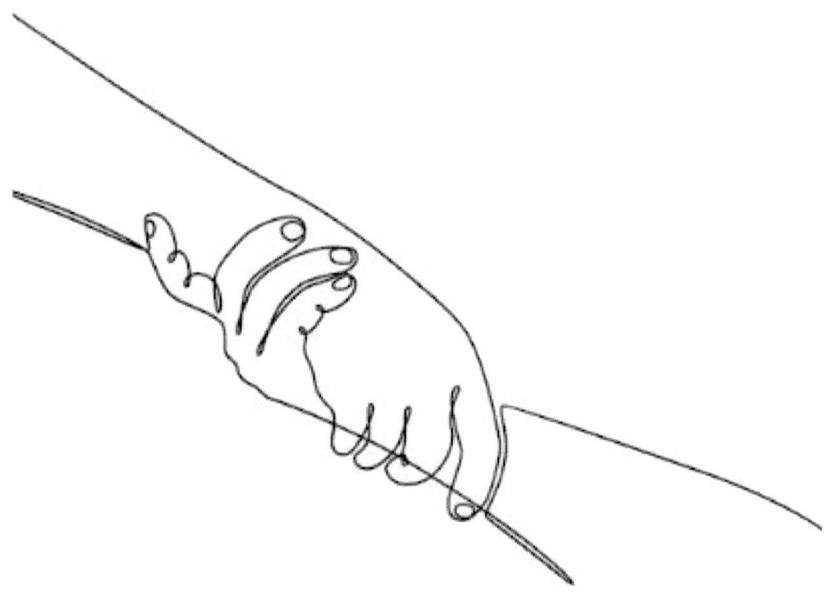

Ma Belle Âme, sache que la Bienveillance engendre la confiance.

La Confiance...

La confiance fait partie des qualités que tout musulman doit adopter.
La confiance, c'est l'espérance que la personne à qui l'on se confie ne nous trahira jamais.
C'est même plus que cela, c'est l'assurance.

C'est le sentiment que l'on a lorsque l'on se fie entièrement à une personne, on lui fait part de tous nos secrets et on attend d'elle qu'elle sache les garder, et ne surtout pas les divulguer.

Il faut d'abord développer sa confiance en soi afin que les autres puissent avoir confiance en toi. Aie conscience de ta valeur, afin que la douceur vienne illuminer ton cœur.

Le Seul en qui nous devons avoir une confiance infinie est Celui qui nous a donné vie.
Ma Sœur, place ta confiance en Allah, Lui Seul sait ce qui est bon pour toi.[18*]

[18*] Je t'invite à te munir de ton Coran.
Rends-toi à la Sourate 3 Al-'Imrân (La Famille de 'Imran), lis et médite sur le verset 159.
Tu comprendras que la confiance en Allah a une grande importance.

Ma Confiance...

Je vais à présent te parler de la façon dont j'ai développé la confiance en soi et ma confiance en Allah.

L'important est de s'aimer et de toujours se valoriser. Si tu ne le fais pas, qui d'autre le fera ? Ce sont les mots que je me répétais lorsque l'on me rabaissait ou m'humiliait.

Certaines personnes aiment se sentir supérieures. J'ai appris à ne plus prendre leur remarque à cœur. Je suis désormais consciente de ma valeur.

Personne n'est parfait, nous avons tous des défauts et nous sommes tous tentés par le péché. Ce n'est donc pas la peine de se rabaisser, il faut faire en sorte de toujours s'améliorer.

Les gens ne sont pas tous faits pour m'aimer, alors je fais abstraction de leurs commentaires et je fais en sorte de me plaire.

Ma Confiance en Allah

J'ai récemment développé un fort Tawakkul envers Allah. Je laisse tout entre Ses mains, car Lui Seul connaît mon Destin. Lorsque je dois prendre une décision, je Le consulte afin qu'Il me guide et me donne une solution.

J'ai appris à ne plus ruminer dans mon coin et à toujours prendre les épreuves du bon côté, car je ne sais pas ce qu'Allah m'a évité.

Ma Belle Âme, ne t'afflige pas et place ta confiance en Allah.

Le Tawakkul

Avant de te laisser te munir de ton stylo, j'aimerais te rappeler l'importance de placer sa totale confiance en Allah, à travers ces quelques mots.

Ce terme signifie placer sa confiance totale en quelqu'un d'autre, par le fait de son impuissance à résoudre une situation.
D'un point de vue religieux, ce terme désigne le fait de s'en remettre à Allah pour toutes nos affaires, de Lui faire confiance en toutes circonstances.

Placer sa confiance totale en notre Seigneur est un sentiment qui apaise réellement le cœur.
Tu sais que tout est sous Son Contrôle.
Invoque-Le avec ton cœur et Il dissipera toutes tes peurs ainsi que tes douleurs.

Aie Confiance en Allah.

Après la Douleur, vient la Douceur

Ta Confiance...

Je vais à présent te laisser écrire. As-tu confiance en Notre Seigneur ?
Réfléchis, écris et libère ton esprit. Tu verras, tu te sentiras mieux après cela.

C'est à Toi :

Après la Douleur, vient la Douceur

Après la Douleur, vient la Douceur

*Ma Belle Âme, aie confiance en Allah.
Chacune de tes peines se dissipera.*

L'Amour...

L'Amour est un fort sentiment d'affection et d'attachement qui nous pousse à vouloir de la proximité avec ces êtres bien-aimés, afin de ressentir un profond apaisement.

Aimer, c'est donner de son temps, être là dans les bons comme dans les mauvais moments. C'est vouloir le bien de son prochain en lui donnant de l'attention, de la bienveillance et de la compassion.

Aimer, c'est se sacrifier pour ceux que l'on veut voir se relever.

Ma Sœur, si tu souhaites te marier, je te conseille de choisir un homme qui a le sens des responsabilités, celui qui prendra soin de son foyer. Privilégie l'homme pieux, car s'il craint Allah, il ne te fera aucun mal et sera toujours là pour toi.
Choisis un partenaire qui sera apte à t'écouter, à te conseiller et à te bichonner.

Si tous les deux vous vous aimez, faites des invocations chacun de votre côté.
Allah vous réunira peut-être ici-bas ou bien dans l'Au-Delà.[19*]

[19*] Je t'invite à te munir de ton Coran.
Rends-toi à la Sourate 30 Ar-Rum (Les Romains), lis et médite sur le verset 21.
Tu comprendras que l'amour fait partie des Bienfaits d'Allah.

Mon Amour...

Je vais à présent te parler de ma façon d'aimer.

J'ai toujours été une personne affectueuse et aimante. Peut-être un peu trop et c'est ce qui m'a fait défaut.
J'ai toujours donné de mon temps, j'ai toujours fait en sorte d'aider les personnes que j'aime, que ce soit matériellement ou encore financièrement.

Selon moi, lorsqu'on aime sincèrement une personne, on est présent dans les bons, mais surtout dans les mauvais moments.

On veut que l'autre ait ce que l'on aimerait avoir.

Malheureusement, au fil du temps, je me suis rendu compte que certaines personnes que j'aimais n'étaient là que par intérêt.

J'ai commencé par apprendre à m'aimer, puis j'ai sélectionné les personnes qui méritaient de recevoir mon amour. Il faut parfois effacer des personnes de sa vie pour se sentir épanouie.

Il ne faut pas avoir peur de couper des liens, qu'ils soient amicaux ou familiaux. Si des personnes n'aiment pas la personne que tu es, éloigne-toi d'elles sans regret.

Ma Belle Âme, entoure-toi de personnes qui prennent soin de ton cœur et qui contribuent à ton bonheur.

Ton Amour...

Je vais à présent te laisser écrire. Comment exprimes-tu ton amour envers ceux qui t'entourent ?
Réfléchis, écris et libère ton esprit. Tu verras, tu te sentiras mieux après cela.

C'est à Toi :

_____
_____
_____
_____
_____
_____
_____
_____
_____
_____
_____
_____
_____
_____
_____
_____

Après la Douleur, vient la Douceur

Après la Douleur, vient la Douceur

Après la Douleur, vient la Douceur

Ma Belle Âme, si tu veux recevoir de l'amour,
Sache aimer en retour.

La Paix...

Être en paix, c'est toujours repousser le conflit afin de se sentir apaisée tout au long de sa vie. C'est accepter de vivre avec les difficultés en espérant retrouver de la tranquillité.

La paix, c'est le fait de se sentir calme intérieurement, c'est aimer s'éloigner des choses ou des personnes qui sont source de perturbation, celles qui viennent bousculer tes émotions.

C'est également le fait de vivre en communauté en acceptant que chacun ait ses particularités. La paix est basée sur le respect mais aussi sur la sérénité.

La piété apporte la sérénité du cœur et permet de dissiper toutes les peurs, ainsi que de nombreuses douleurs.
Ne cesse jamais d'invoquer et de te rapprocher de notre Créateur, comme le faisaient nos pieux prédécesseurs.[20]

---

[20] Je t'invite à te munir de ton Coran.
Rends-toi à la Sourate 2 Al-Baqarah (La Vache), lis et médite sur le verset 208.
Tu comprendras que la paix repousse le mal.

Ma Paix...

Je vais à présent te parler de la paix que j'ai réussi à trouver, notamment grâce à la lecture et à l'écriture.

Si aujourd'hui je t'écris, c'est que j'ai réussi à trouver la paix dans ma vie.
Ce qui a apaisé mon cœur a été de me confier à notre Seigneur, mais aussi de me plonger dans la lecture et aujourd'hui, je me lance enfin dans l'écriture.

Mettre des mots sur ce que je ressens a permis de soulager mon cœur de toutes les douleurs qu'il renfermait, celles que, au plus profond de moi, j'enfouissais.

Trouver la paix m'a permis d'affronter n'importe quelle épreuve de la vie en me disant que de toute façon, tout est déjà écrit.
Rien ne sert de s'énerver ou de ruminer, le mieux est de chercher la tranquillité de l'esprit et de vivre en toute sérénité.

Ma Sœur, j'aimerais que tu trouves la paix intérieure. Celle qui te permettra de vaincre l'ensemble de tes peurs et qui dissipera la souffrance que tu ressens dans ton for intérieur.

Ma Belle Âme, favorise la paix et le calme. Tu te sentiras soulagée, rien de mieux que la tranquillité.

Ta Paix...

Je vais à présent te laisser écrire. As-tu trouvé la paix intérieure qui a permis d'apaiser ton cœur ?
Réfléchis, écris et libère ton esprit. Tu verras, tu te sentiras mieux après cela.

C'est à Toi :

_____
_____
_____
_____
_____
_____
_____
_____
_____
_____
_____
_____
_____
_____
_____

Après la Douleur, vient la Douceur

Après la Douleur, vient la Douceur

Après la Douleur, vient la Douceur

Ma Belle Âme, sache que la patience est une paix intérieure.

La Pureté...

C'est une qualité, je pense, que nous recherchons tous à adopter. En tant que femme, nous devrions toutes vouloir être dotées de cette particularité.

Une personne pure est dotée de nombreuses qualités comme la chasteté, la gentillesse ou encore l'honnêteté.

Être pure, c'est se débarrasser de toute souillure. C'est s'éloigner de tout péché afin qu'Allah t'accorde Ses Bienfaits.
C'est en accumulant les bonnes actions que ton cœur ne voudra plus s'approcher des tentations.

Chaque personne se doit de nettoyer son cœur de toute noirceur. Cela est possible lorsque tu t'éloignes de tout acte répréhensible.

La beauté du cœur fait partie des Bienfaits qu'attribue Notre Créateur.

Fais en sorte d'apporter la lumière sur ton visage en adoptant un comportement plus sage.[21*]

[21*] Je t'invite à te munir de ton Coran.
Rends-toi à la Sourate 5 Al-Mâ idah (La Table Servie), lis et médite sur le verset 6.
Tu comprendras l'importance de la pureté en Islam.

Ma Pureté...

Je vais à présent te parler de la façon dont j'ai purifié mon cœur.

Pour commencer la purification de mon cœur, je l'ai débarrassé de toute rancœur.
J'ai appris à pardonner à toutes les personnes qui m'ont un jour blessée, humiliée ou rabaissée.

C'est grâce au pardon qu'a commencé mon cheminement vers la guérison.

Une fois que mes douleurs étaient parties, c'est avec douceur que j'ai commencé à affronter les nouvelles épreuves de ma vie.

Je réponds toujours au mal par le bien, de cette façon, la personne qui m'a blessée se met à culpabiliser. Elle finit par s'excuser et moi, par lui pardonner.

En prenant toujours les choses du bon côté, mon cœur s'est retrouvé apaisé et purifié.
Je n'ai plus aucune peur, car je fais totalement confiance à Mon Créateur.

Ma Belle Âme, sois ce cœur pur que nous aimerions garder à nos côtés pour l'éternité.

Ta Pureté...

Je vais à présent te laisser écrire. As-tu purifié ton cœur ? Comment peux-tu remédier à cela ?

Réfléchis, écris et libère ton esprit. Tu verras, tu te sentiras mieux après cela.

C'est à Toi :

Après la Douleur, vient la Douceur

Après la Douleur, vient la Douceur

Après la Douleur, vient la Douceur

Ma Belle Âme, sache que la pureté du cœur apporte un réel bonheur.

Quelques mots pour clôturer cette dernière partie...

À travers cette troisième partie, j'ai essayé de te faire comprendre l'importance de la douceur.
Je t'ai raconté comment j'ai guéri après les épreuves que j'ai vécues au cours de ma vie.
J'ai compris que je devais passer par tout cela, c'est ce qui m'a notamment permis de me rapprocher d'Allah.

Développer la douceur m'a permis de purifier mon cœur.
J'ai compris que tout humain fait des erreurs et qu'il ne sert à rien de garder de la rancœur.
Désormais, si quelqu'un ne souhaite pas me voir évoluer, alors je ferai en sorte de m'en éloigner, afin de ne pas porter atteinte à ma tranquillité.

Ces quelques lignes sont là pour te rassurer, tout est surmontable, notamment lorsque Allah Est à tes côtés.

Fais en sorte d'acquérir les nombreuses belles qualités que je t'ai présentées tout au long de ce livre, afin qu'en toute sérénité, tu puisses vivre.

Fraternellement

Almas F.

Après la Douleur, vient la Douceur

Après la Douleur, vient la Douceur

Que la Douceur efface nos Douleurs.

Le mot de la fin

De la Douleur à la Douceur, j'ai réussi à purifier mon cœur.

Je t'ai raconté mon histoire afin que tu gardes espoir. Nous passons tous par les mêmes épreuves au cours de cette vie.

Ces épreuves nous permettent de grandir, mais aussi de nous purifier afin de nous rapprocher de Celui Qui nous a créés.

J'espère que mon histoire t'aura permis de trouver un réel apaisement, ainsi qu'une tranquillité du cœur et de l'esprit.

Sache qu'il est important de s'écouter, de comprendre ses émotions et de faire en sorte d'accéder à la guérison.

Tu n'es pas seule. Je t'écris pour te réconforter, pour que ton cœur se retrouve apaisé.

Tu dois mettre Allah au centre de ta vie et avoir une totale confiance en Lui. Il faut patienter, tout finira par passer.

Qu'Allah Illumine chacun des jours de notre vie. Amîn

Ta Sœur qui t'aime en Allah

Almas F.

Après la Douleur, vient la Douceur

Remerciements

En premier lieu, je tiens à exprimer ma plus grande gratitude envers Allah. Sans Lui, ce projet n'aurait jamais abouti.

Je tiens à remercier l'ensemble des personnes, parmi ma famille et mes amies, qui me soutiennent dans mes projets d'écriture qui me tiennent sensiblement à cœur.

J'exprime ma profonde reconnaissance envers toi, ma meilleure amie, qui m'a soutenue lorsque j'ai traversé toutes ces épreuves. Tu as su m'épauler et me conseiller sans jamais me laisser tomber.

Je tiens également à remercier toutes mes amies, mes sœurs, qui se reconnaîtront, qui m'ont également soutenues dans les épreuves que j'ai traversées. Je vous en serais éternellement reconnaissante.

Enfin, je tiens à remercier par avance toutes les personnes qui prendront le soin de lire cet ouvrage. J'espère qu'il sera un réconfort pour les sœurs qui souffrent, et qui n'arrivent pas à verbaliser leurs émotions qui les rongent de l'intérieur.

Almas F.

Après la Douleur, vient la Douceur

Mes Réseaux

Vous pouvez me contacter sur mes réseaux sociaux :

- By_almasf
- Byalmasf
- Byalmasf
- almasf.pro@gmail.com

© Almas F, 2024
Édition : BoD · Books on Demand GmbH, In de Tarpen 42,
22848 Norderstedt (Allemagne)
Impression : Libri Plureos GmbH, Friedensallee 273,
22763 Hamburg (Allemagne)
ISBN : 978-2-3225-3908-6
Dépôt légal : Juin 2024